8° Z 9629 (2)

Paris
1871

Tardif, Adolphe

Notice sur le ministère et l'administration générale des cultes

AF233557

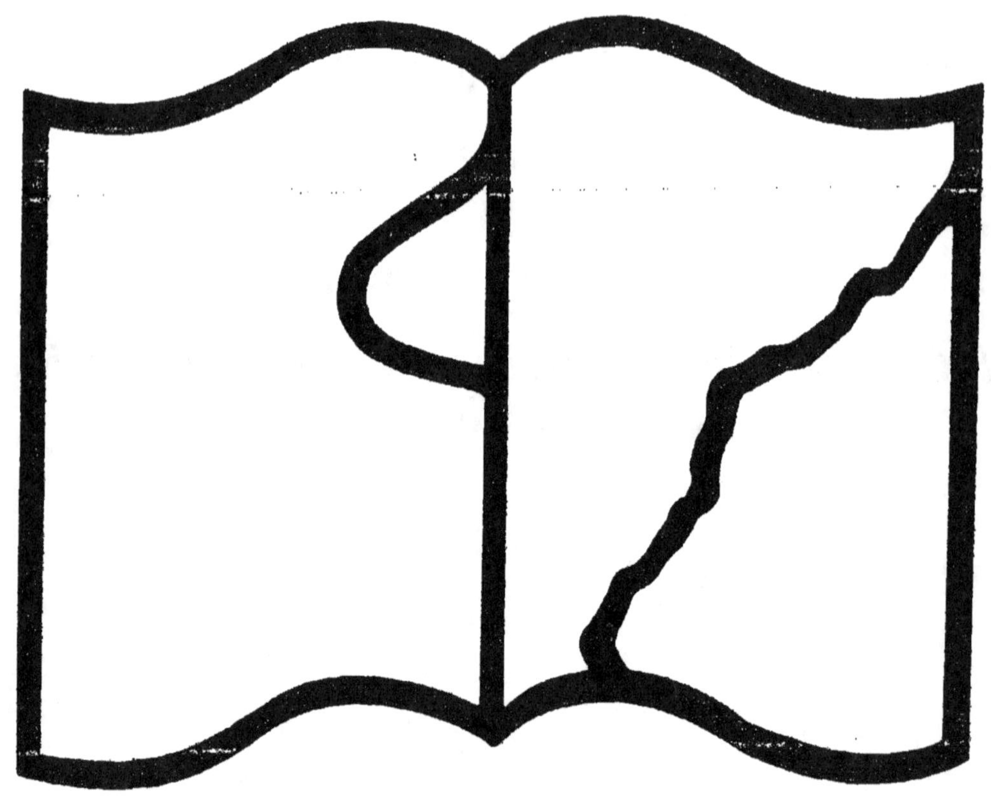

**Symbole applicable
pour tout, ou partie
des documents microfilmés**

Texte détérioré — reliure défectueuse

NF Z 43-120-11

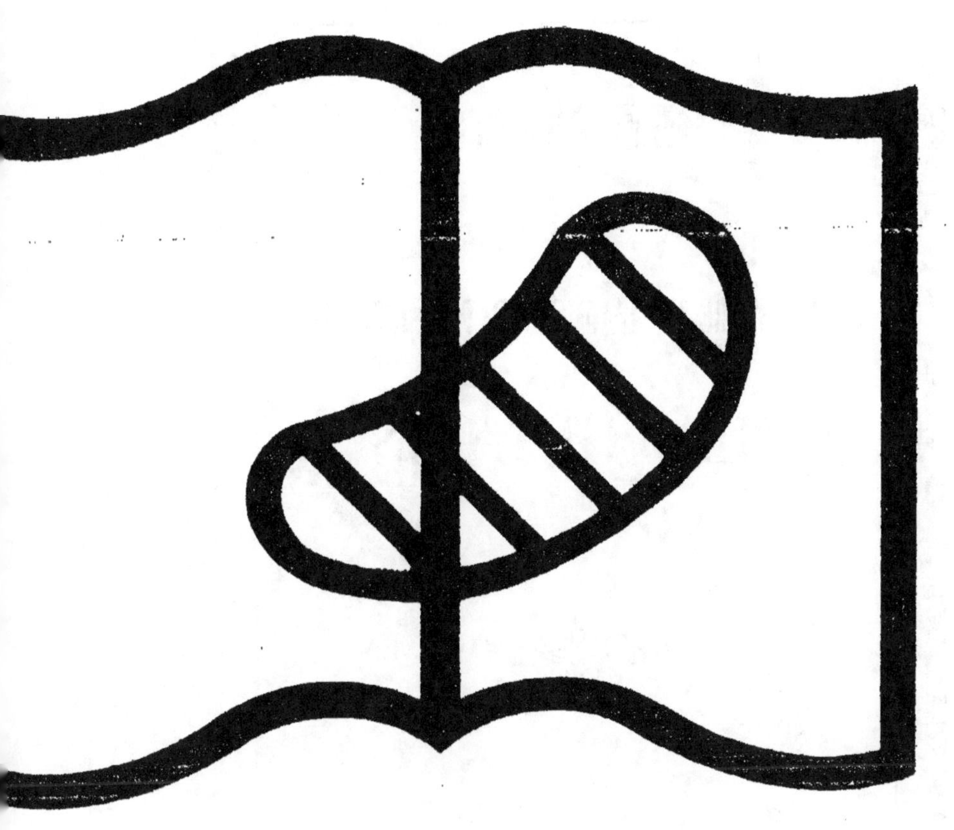

Symbole applicable
pour tout, ou partie
des documents microfilmés

Original illisible

NF Z 43-120-10

A mon cousin et ami
L. Delisle

NOTICE

SUR

LE MINISTÈRE ET L'ADMINISTRATION GÉNÉRALE

DES CULTES

PARIS

IMPRIMERIE ADMINISTRATIVE DE PAUL DUPONT

41, RUE JEAN-JACQUES-ROUSSEAU, 41

1871

NOTICE SUR LE MINISTÈRE

ET

L'ADMINISTRATION GÉNÉRALE

DES CULTES

BIBLIOTHÈQUE NATIONALE — MANUSCRITS

NÔTICE SUR LE MINISTÈRE

ET

L'ADMINISTRATION GÉNÉRALE

DES CULTES

PARIS

IMPRIMERIE ADMINISTRATIVE DE PAUL DUPONT

RUE JEAN-JACQUES-ROUSSEAU, 41

1871

NOTICE SUR LE MINISTÈRE

ET

L'ADMINISTRATION GÉNÉRALE

DES CULTES

De tous les services publics, l'administration générale des cultes est celui qni a subi le plus grand nombre de changements dans son régime et de modifications dans son organisation intérieure.

§ Ier.

Régimes successifs de l'administration des cultes.

De 1802 à 1870, le service des cultes a changé quinze fois de régime.

Constitué par l'arrêté consulaire du 14 vendémiaire an X, il s'est appelé *ministère des cultes* du 21 messidor an XII au 1er avril 1814. La Restauration supprima le ministère des cultes, et *l'administration générale des affaires ecclésiastiques*, qui lui succéda, fut placée sous les ordres du ministre de l'intérieur : toutefois la présentation aux titres ecclésiastiques et la nomination aux bourses dans les séminaires furent confiées au grand aumônier (ordonnances des 13 août et 24 septembre 1814). Deux ans plus tard (13 avril 1816), l'administration générale des affaires ecclésiastiques était réunie, « pour tout ce qui concernait la religion « catholique, apostolique et romaine, » aux attributions déjà remises, par l'ordonnance du 24 septembre 1814, au grand aumônier qui travaillait directement avec le roi, sous la réserve du contre-seing ministériel. Les dépenses continuaient à former un budget distinct, rédigé et présenté par l'administration générale des affaires ecclésiastiques. Les ordonnances sur le trésor royal étaient expédiées et signées par le ministre de l'intérieur qui était encore chargé des affaires des cultes non catholiques, et avait sous ses ordres trois bureaux pour ces différents services.

Le *ministère des affaires ecclésiastiques et de l'instruction publique*, créé le 26 août 1824, réunit toutes les affaires du culte catholique.

En 1828 (3 mars), les affaires ecclésiastiques furent séparées de l'Instruction publique et formèrent une seconde fois un ministère distinct. Le 8 août 1829, ces deux services étaient de nouveau réunis. Après la révolution de 1830, ils s'appelèrent *ministère de l'instruction publique et des cultes ;* le 7 septembre, les affaires des cultes non catholiques y furent réunies et formèrent une nouvelle division.

Le 11 octobre 1832, le garde des sceaux, ministre de la justice, fut « chargé de l'administration des cultes » qui prit le nom de *direction des cultes.* Le 31 décembre 1833, cette administration fut replacée sous les ordres du ministre de l'intérieur, puis revint, le 4 avril 1834, au ministère de la justice dont elle fit partie jusqu'à la révolution de 1848.

M. Vivien, ministre de la justice et des cultes, modifia dans quelques parties l'organisation du service des cultes par ses arrêtés des 12 juin 1839, 5 et 16 juin et 22 octobre 1840. Cette organisation reçut encore quelques améliorations par l'ordonnance royale du 24 décembre 1844, rendue en exécution de la loi du 24 juillet 1843 dont l'article 7 a prescrit que « l'organisation centrale de « chaque ministère devait être réglée par une ordonnance insérée « au *Bulletin des lois,* et qu'aucune modification ne pourrait y être « apportée que dans la même forme et avec la même publicité. »

Cette ordonnance est en vigueur pour tous les points sur lesquels il n'a pas été dérogé dans les formes prescrites par la loi.

Le 24 novembre 1847, le titre de directeur de l'administration des cultes fut remplacé par celui de directeur *général*.

Au mois d'avril 1848, la direction générale de l'administration des cultes fut rattachée au ministère de l'instruction publique, puis forma, pour la troisième fois, un *ministère des cultes* (du 11 au 20 mai 1848), et revint bientôt au ministère de l'instruction publique. Un arrêté de la commission du pouvoir exécutif du 18 juin suivant réunit au ministère des cultes l'administration des *cultes chrétiens et israélite en Algérie*. Un arrêté du président du conseil, du 10 décembre suivant, plaça également l'administration du personnel des cultes, pour les colonies françaises, dans les attributions du ministère des cultes

Un décret du 23 juin 1863 sépara, pour la quatrième fois, le ministère des cultes du ministère de l'instruction publique, et le ramena au ministère de la justice. Une décision du gouvernement de la Défense nationale, du 5 septembre 1870, l'a compris de nouveau dans les attributions du ministre de l'instruction publique.

Les fonctionnaires placés à la tête de l'administration des cultes, sous les ordres immédiats du ministre, ont été appelés tour à tour *administrateur général*, *directeur général* et *directeur* ; les chefs des différents services qu'elle comprend, *chefs de section*, *sous-directeurs*, *chefs de division*.

En l'absence et pendant la maladie de ces fonctionnaires, l'administration des cultes a été régie, à plusieurs reprises, par le conseil de cette administration, formé des chefs de service. Ce conseil, qui existe depuis 1824, a été constitué par un règlement du 22 octobre 1840 et par l'ordonnance organique du 24 décembre 1844, prise en exécution de la loi précitée du 24 juillet 1843 (1).

---

(1) La commission législative des services administratifs approuve hautement cette organisation, et déclare qu'il conviendrait de la constituer d'une manière générale par une loi. (*Rapport de M. Paul Jozon, sur le service central du ministère de la justice. Journal officiel*, 14 novembre 1871, page 4,450, 3e colonne.) V. *Règlement intérieur*, articles 11-17, page 15.

De graves considérations ont déterminé le pouvoir législatif et le gouvernement à maintenir cet important service sous les ordres directs et immédiats du ministre : les chefs de division ont en constamment le droit de travailler directement avec le ministre des cultes, et de lui soumettre sous leur responsabilité personnelle les décisions concernant leurs services. La nature des affaires traitées par l'administration des cultes explique suffisamment cette disposition (arrêtés des 12 juin 1839, 26 juillet 1862, 3 juillet 1863).

§ II.

Organisation des bureaux de l'administration des cultes.

L'administration générale des cultes a été tour à tour organisée en *divisions*, en *sections*, en *sous-directions*, et enfin, de nouveau, en *divisions*.

En 1806, elle comprend trois divisions : la première, pour le culte catholique ; la deuxième, pour les cultes non catholiques ; la troisième, pour la comptabilité. En 1810, le culte catholique forme deux divisions : l'une chargée du personnel, l'autre du matériel, et le nombre des divisions se trouve ainsi porté de trois à quatre (Almanach impérial de 1806 et de 1810).

Pendant la durée du ministère des affaires ecclésiastiques, le service des cultes non catholiques est rattaché au ministère de l'intérieur ; l'administration des affaires ecclésiastiques ne comprenant alors que le culte catholique, ne forme plus que trois divisions, savoir :

Première division. — Personnel, édifices et établissements diocésains ;

Deuxième division. — Contentieux, tutelle administrative, circonscriptions ecclésiastiques, établissements et édifices paroissiaux, congrégations religieuses ;

Troisième division. — Comptabilité, liquidation et ordonnancement des dépenses, préparation du budget, écritures centrales (arrêté ministériel de M. de Frayssinous, 18 novembre 1824).

Les affaires des cultes non catholiques, réunies le 7 septembre 1880 au ministère de l'instruction publique et des cultes, formèrent une quatrième division.

Les arrêtés des 12 juin 1839, 5 et 16 juin 1840, et le règlement du 24 octobre de la même année, rendus par M. Vivien, décidèrent que les divisions des cultes formeraient à l'avenir une direction comprenant quatre sections divisées en sept bureaux, dont les attributions furent réglées de la manière suivante :

PREMIÈRE SECTION. — Culte catholique :
Premier bureau. — Enregistrement et archives ;
Deuxième bureau. — Personnel et affaires de police ecclésiastique.

DEUXIÈME SECTION. — Culte catholique :
Premier bureau. — Affaires catholiques d'intérêt diocésain ;
Deuxième bureau. — Service paroissial, intérêts matériels des congrégations religieuses.

TROISIÈME SECTION. — Cultes non catholiques :
Un seul bureau.

QUATRIÈME SECTION. — Comptabilité des cultes :
Premier bureau. — Opérations centrales, liquidation et ordonnances ;
Deuxième bureau. — Écritures et tenue des livres.

L'ordonnance du 24 décembre 1844, prise par M. Martin (du Nord) en exécution de la loi précitée du 24 juillet 1843, et publiée au *Bulletin des lois,* conformément aux prescriptions législatives, transforma les *sections* en *sous-directions ;* ces sous-directions restèrent divisées, comme en 1840, en sept bureaux : les attributions ne reçurent aucune modification.

Après la révolution de 1848 (25 avril), la direction de l'administration des cultes reprit le titre de *Direction générale,* et fut organisée en trois divisions, savoir :

Première division :
Premier bureau. — Affaires d'administration générale ;
Deuxième bureau. — Comptabilité des cultes.

Deuxième division :
Premier bureau. — Personnel et affaires de police ecclésiastique ;
Deuxième bureau. — Service diocésain et paroissial.

Troisième division :
Cultes non catholiques.

Le décret du 7 mai 1852 établit l'organisation suivante :

Première division. — Personnel du clergé :
Premier bureau. — Personnel du clergé et police ecclésiastique ;
Deuxième bureau. — Service paroissial et contentieux.

Deuxième division. — Administration temporelle des diocèses :
Premier bureau. — Circonscriptions ecclésiastiques, administration des établissements diocésains ;
Deuxième bureau. — Construction et entretien des édifices diocésains.

Section des cultes non catholiques.
Bureau de la comptabilité centrale des cultes.

La *section* des cultes non catholiques a reçu la dénomination de *sous-direction*, en vertu du décret du 15 janvier 1859, et repris le titre de *division* par suite de la suppression du titre et des fonctions de directeur (Arrêté du 20 octobre 1871).

Il en est de même du service de la comptabilité centrale des cultes, dont la direction avait déjà été confiée à un chef de division par arrêté du 4 janvier 1870.

L'administration est donc revenue aujourd'hui à l'organisation de 1810, 1824 (plus les cultes non catholiques qui étaient alors rattachés au ministère de l'intérieur), de 1840 et 1844, savoir : quatre services comprenant sept bureaux.

Première division. — Culte catholique :
Premier bureau. — Personnel, pensions et secours ecclésiasti-

ques, organisation et régime des chapitres, séminaires et fabriques, contentieux;

Deuxième bureau. — Biens des fabriques, des cures et des succursales, congrégations religieuses, dons et legs, contrôle administratif

DEUXIÈME DIVISION. — Culte catholique :

Premier bureau. — Administration temporelle des intérêts diocésains, édifices paroissiaux, travaux, subventions aux communes, circonscriptions eclésiastiques ;

Deuxième bureau. — Édifices diocésains.

TROISIÈME DIVISION. — Cultes non catholiques : un bureau.

QUATRIÈME DIVISION. — Comptabilité centrale des cultes :

Premier bureau. — Opérations centrales, liquidation, ordonnancement;

Deuxième bureau. — Écritures centrales, tenue des livres, pensions, matériel.

Service des archives.

Annexe du § II.

RÈGLEMENT INTÉRIEUR DE L'ADMINISTRATION DES CULTES.

TITRE PREMIER.

Attributions.

ARTICLE PREMIER. — L'administration générale des cultes comprend quatre divisions dont les attributions sont réglées ainsi qu'il suit :

PREMIÈRE DIVISION. — Culte catholique.
(2 bureaux.)

Premier bureau. — Personnel du clergé. — Pensions et secours ecclésiastiques. — Organisation et régime des chapitres, séminaires et fabriques. — Contentieux.

Deuxième bureau. — Biens des fabriques, des cures et des succursales. — Congrégations religieuses. — Dons et legs. — Contrôle administratif.

Deuxième division. — Culte catholique.
(2 bureaux.)

Premier bureau. — Administration temporelle des intérêts diocésains. — Secours aux communes pour les édifices paroissiaux. — Circonscriptions ecclésiastiques ;

Deuxième bureau. — Édifices diocésains.

Troisième division. — Cultes non catholiques.
(1 bureau.)

Personnel et matériel.

Quatrième division. — Comptabilité centrale.
(2 bureaux.)

Premier bureau. — Opérations centrales. — Liquidation. — Ordonnancement ;

Deuxième bureau. — Écritures. — Tenue des livres. — Pensions. — Service du matériel des bureaux.

Service des archives.

(Organisation de 1806. — Règlement du 22 octobre 1840, art. 5. — Ordonnance du 24 décembre 1844, art. 2. — Almanach national et France ecclésiastique pour 1871-1872.)

Art. 2. — Le ministre travaille directement avec chacun des chefs de division. Chacun de ces employés supérieurs conserve la libre et responsable préparation des affaires attribuées à son service.

(Arrêtés des 12 juin 1839, 26 juillet 1862; décision ministérielle du 3 juillet 1863.)

Art. 3. — Sont soumises à la signature du ministre :

Les lettres emportant décision ;

La correspondance avec les autres ministres (sauf les lettres de simple communication ou instruction) ;

Les lettres adressées aux députés, aux membres de la Cour de cassation, du conseil d'État et de l'Institut;

Les lettres d'instruction pour les nominations à l'épiscopat, aux canonicats de Saint-Denis, et les demandes de décoration de l'ordre de la Légion d'honneur ;

Les lettres d'information sur des faits imputés aux ministres des différents cultes.

(Cf. Règlement du 31 décembre 1844, art 1er.)

Art. 4. — Les chefs de division signent, chacun dans leurs attributions respectives :

1° *Par autorisation :*

Les lettres d'instruction dans les affaires non réservées au ministre ;

— 13 —

Les avis des décisions ministérielles ;

Les envois d'ordonnances, décrets, arrêtés et autres pièces ;

Les accusés de réception.

2° Pour ampliation :

Les expéditions scellées des ordonnances, décrets et décisions du chef de l'État, des arrêtés et décisions du ministre.

3° Pour copie conforme :

Les circulaires et expéditions non scellées de tous actes.

4° Pour extrait :

Les extraits non scellés d'ordonnances, décrets, arrêtés ou décisions d'intérêt collectif.

5° De leur chef :

Les rapports au ministre ;

Les visa des pièces annexées aux décisions ;

Les bons adressés à la comptabilité pour l'exécution des services divers à acquitter sur les fonds du matériel des bureaux ;

Les notes à la comptabilité donnant avis des décrets, décisions et arrêtés portant emploi ou allocation de fonds.

(Règlement du 22 octobre 1840, art. 6. — 31 décembre 1844, art. 1er.)

Art. 5. — Le chef de la 1re division et le chef de la division des cultes non catholiques signent *pour légalisation* les actes des autorités ecclésiastiques, ou des ministres des différents cultes, assujettis à cette formalité.

(Cf. Règlement du 31 décembre 1844, art. 1er.)

Art. 6. — Les chefs de division dirigent et surveillent les opérations de leurs divisions respectives ; ils traitent eux-mêmes les affaires qui leur sont particulièrement déléguées par le ministre ou qu'ils jugent convenable de se réserver ; ils renvoient les autres au bureau compétent et revisent les minutes, en les datant en marge du jour du visa.

Ils adressent au conseil d'administration tous rapports concernant les employés placés sous leurs ordres ; ils présentent toute proposition d'avancement ou de gratification et instruisent tous les cas d'indiscipline ou d'infraction au présent règlement.

(Règlement du 22 octobre 1840, art. 6.)

Art. 7. — Les chefs de bureau traitent personnellement les affaires importantes que le chef de division ne s'est pas réservées.

Ils revisent les minutes préparées par les sous-chefs et les rédacteurs, en les datant en marge du jour de leur visa, et les soumettent au chef de division.

Ils maintiennent l'ordre et la discipline dans leurs bureaux, ils donnent leur avis sur toutes les questions qui concernent leur personnel.

Ils reçoivent le public en cas d'absence ou d'empêchement du chef de division.

> (*Règlement du 22 octobre 1840, art. 7. — Ordonnance du 24 décembre 1844, art. 3. — Règlement du 15 mai 1850, art. 3.*)

ART. 8. — Les sous-chefs remplacent les chefs de bureau en cas d'absence ou d'empêchement.

Ils traitent les affaires importantes que le chef de division et le chef de bureau ne se sont pas réservées ; — distribuent le travail aux employés ; — remettent les minutes préparées au chef de bureau ; — les font transcrire ; — collationnent les expéditions ; — surveillent le départ des dépêches et concourent au maintien du bon ordre et de la discipline dans le bureau.

> (*Règlement du 15 mars 1850, art. 7.*)

ART. 9. — Chaque rédacteur date la minute qu'il a préparée, du jour de la remise au sous-chef ; il tient, en outre, un carnet indiquant le jours où les dossiers lui ont été remis, l'analyse sommaire de l'affaire, et le jour où il a rendu l'affaire rédigée. Ce cahier est visé, tous les huit jours, par le chef de bureau ou le sous-chef qui en remplit les fonctions, et tous les mois par le chef de division.

Un relevé de ces carnets individuels est fait tous les ans par le chef de bureau.

> (*Règlement du 15 mai 1850, art. 5.*)

ART. 10. — Dans chaque bureau un employé est chargé de l'ordre et de l'enregistrement, concurremment, s'il est possible, avec le travail d'expédition.

Cet employé doit, après avoir enregistré les affaires, former un dossier des pièces afférentes à chacune d'elles et les renfermer dans une chemise disposée pour cet usage.

Les rédacteurs portent sur cette chemise, suivant les dispositions du modèle, les indications nécessaires.

> (*Règlement du 15 mai 1850, art. 4.*)

TITRE II.

Conseil d'administration.

Art. 11. — Un conseil d'administration est établi près le ministre des cultes. Ce conseil se compose des quatre chefs de division.

> (*Règlement du 22 octobre 1840, art. 10. — Ordonnance royale du 24 décembre 1844, art. 5.*)

Art. 12. — Le plus ancien des chefs de division remplit les fonctions de président; le moins ancien, les fonctions de secrétaire.

> (*Règlement du 22 octobre 1840, art 10. — Cf. Ordonnance du 24 décembre 1844, art. 5.*)

Art. 13. — Le conseil d'administration connaît :

1° De toutes les affaires qui lui sont renvoyées par le ministre ou soumises par un des chefs de division ;

2° Des affaires ressortissant à plusieurs divisions ;

3° De toutes les questions concernant le personnel et le matériel des bureaux.

Il est appelé à délibérer comme conseil de discipline dans les cas spécifiés au titre suivant, articles 32 à 36.

> (*Règlement du 22 octobre 1840, art. 6, 11, 12. — Ordonnance du 24 décembre 1844, art. 5. — Règlement du 31 décembre 1844, art. 4. — Règlement du 15 mai 1850, art. 9.*)

Art. 14. — Le conseil ne peut délibérer s'il n'y a au moins trois membres présents.

Les avis du conseil sont pris à la majorité des voix. En cas de partage d'opinions, la voix du président est prépondérante.

> (*Règlements des 22 octobre 1840, art. 13, 14; 31 décembre 1844, art. 5.*)

Art. 15. — Le secrétaire du conseil dresse procès-verbal des délibérations.

Ce procès-verbal est lu et adopté, séance tenante, autant que possible; il est signé par tous les membres qui ont pris part à la délibération.

Lorsque l'importance de l'affaire a obligé de nommer un rapporteur, les notes du secrétaire sont remises par lui au chef de division rapporteur qui rédige la délibération, et en soumet le procès-verbal au conseil dans la séance suivante.

> (*Règlement du 22 octobre 1840, art. 13.*)

Art. 16. — Toutes les délibérations emportant décision sont soumisos à l'approbation du ministre, sous forme de rapport signé par tous les membres du conseil et présenté par le président.

(Règlement du 22 octobre 1840, art. 15.)

ART. 17. — Les délibérations et avis du conseil sont transcrits textuellement sur un registre à ce destiné. Une ampliation, signée par le secrétaire, en est remise à la division compétente. Les minutes des procès-verbaux sont déposées aux archives.

(Règlements des 22 octobre 1842, art. 15; 31 décembre 1844, art. 7.)

TITRE III.

Conditions d'admission et d'avancement.

ART. 18. — Les classes et traitements des fonctionnaires de l'administration des cultes sont réglés comme il suit :

Chefs de division à............................... 12,000 fr.
Chefs de bureau (4 classes), de............. 6,000 à 9,000
Sous-chefs de bureau (4 classes), de......... 4,500 à 5,500
Employés (rédacteurs, vérificateurs, commis d'ordre,
   expéditionnaires) (9 classes), de........... 1,500 à 3,800

(Décret du 10 janvier 1863.)

ART. 19. — Les nominations et promotions sont proposées au ministre par le conseil d'administration, après avoir pris l'avis du chef de bureau compétent.

(Règlement du 22 octobre 1840, art. 27.)

ART. 20. — Nul ne pourra être nommé employé auxiliaire ou surnuméraire :

1° S'il ne justifie du diplôme de bachelier ès lettres ;

2° S'il n'a été déclaré admissible après examen par le conseil d'administration.

(Arrêté du 1er février 1848, art. 2.)

ART. 21. — Nul ne sera admis dans les bureaux de l'administration des cultes, à titre d'expéditionnaire, s'il n'a une écriture très-correcte et s'il n'est bachelier ès lettres.

Nul n'est admis à titre de rédacteur, s'il n'est licencié en droit. Toutefois, cette condition n'est pas exigée des rédacteurs ou vérificateurs de la division de comptabilité.

Aucune nomination à ces emplois ne peut avoir lieu qu'après examen préalable par le conseil d'administration.

(Règlement du 22 octobre 1840, art. 25. — Ordonnance du 24 décembre 1844, art. 8.)

Art. 22. — La moitié des places de sous-chefs de bureau qui deviendront vacantes sera réservée aux rédacteurs et vérificateurs.

La moitié des places de rédacteurs ou vérificateurs sera donnée aux expéditionnaires; toutefois, les expéditionnaires ne pourront devenir rédacteurs s'ils ne sont point licenciés en droit.

(Ordonnance du 24 décembre 1844, art. 9.)

Art. 23. — Nul ne peut être appelé aux fonctions de chef de bureau, de sous-chef et de rédacteur, s'il n'est licencié en droit.

(Ordonnance du 24 décembre 1844, art. 7.)

Art. 24. — L'avancement de grade ou de classe sera donné à l'ancienneté des services combinée avec le zèle et l'assiduité. Nul ne sera promu à une classe ou à un grade supérieur, s'il n'a au moins deux années d'exercice dans la classe ou le grade inférieur.

(Règlement du 22 octobre 1840, art. 26. — Ordonnance du 24 décembre 1844, art. 10.)

TITRE IV.

Discipline intérieure.

Art. 25. — Le travail des bureaux commence à 10 heures et finit à 4 heures et demie.

Néanmoins, les employés sont obligés de se rendre au ministère avant 10 heures, et d'y rester après 4 heures ½ demie, toutes les fois qu'ils en sont requis pour le service de l'administration.

(Règlement du 15 mai 1850, art. 6.)

Art. 26. — Les employés signent, à leur arrivée et au moment de leur sortie, une feuille de présence que les chefs de bureau arrêtent à 10 heures un quart, au plus tard, et qui est remise au chef de division à 10 heures et demie.

La même feuille peut être envoyée dans les bureaux dans le cours de la journée et à des heures indéterminées. Elle y est reportée, pour la signature, au départ, à 4 heures 20 minutes.

(Règlement des 22 octobre 1840 et 2 octobre 1850, art. 1.)

Art. 27. — Les visites de bureau à bureau sont formellement interdites; aucune communication ne doit avoir lieu que pour affaires de service.

(Règlement du 30 décembre 1844, art. 11.)

Art. 28. — Les employés ne sortiront, durant les heures de travail,

qu'après en avoir prévenu le chef de bureau ou le sous-chef qui en remplit les fonctions.

> *(Règlement des 22 octobre 1840, art. 84, et 15 mai 1850, art. 7.)*

ART. 29. — Il est défendu aux employés de donner, sous quelque prétexte que ce soit, des renseignements sur les travaux du ministère.

> *(Règlement du 30 décembre 1844, art. 12.)*

ART. 30. — Aucun étranger n'est admis dans les bureaux des employés.

> *(Règlement des 22 octobre 1840, art. 35, et 15 mai 1850, art 13.)*

ART. 31. — L'entrée du ministère est interdite aux individus exerçant notoirement la profession d'agent d'affaires.

> *(Ordonnance du 24 décembre 1844, art. 15.)*

ART. 32. — Les employés qui contreviendront à leurs devoirs seront, selon la gravité des cas, ou révoqués, ou punis disciplinairement, sur la proposition du conseil d'administration.

> *(Règlements des 22 octobre 1840, art. 39; 30 décembre 1844, art. 13 et 15 mai 1850, art. 10.)*

ART. 33. — Les peines disciplinaires sont, selon la gravité des cas, l'avertissement, la réprimande, la retenue sur les traitements, le déclassement, la radiation des cadres.

> *(Règlements des 22 octobre 1840, art. 40, et 15 mai 1850, art. 11.)*

ART. 34. — Les peines ne sont appliquées que sur le rapport du chef de division, le chef de bureau entendu et après que l'inculpé a été admis à présenter sa justification.

> *(Règlements des 22 octobre 1840, art. 41; 15 mai 1850, art. 12.)*

ART. 35. — L'avertissement est prononcé par le chef de division.
Les autres peines sont prononcées par le conseil d'administration saisi par l'un des chefs de division.

> *(Règlement du 22 octobre 1840, art. 42.)*

ART. 36. — Les décisions du conseil d'administration ne sont exécutoires qu'après avoir été approuvées par le ministre.

> *(Règlement du 22 octobre 1840, art. 43.)*

ART. 37. — Les congés d'un à trois jours sont accordés par les chefs de bureau, ceux de plus de trois jours et de moins de vingt-neuf jours sont demandés par écrit au chef de division et délivrés par lui.

Aucune absence de plus de vingt-neuf jours ne peut être autorisée que par le ministre.

(Règlements des 30 décembre 1844, art. 10, et 15 mai 1850, art. 8.)

Art. 38. — Des vacances de quinze jours sont annuellement accordées à tour de rôle aux employés dont le travail n'a donné lieu à aucun reproche grave.

(Règlement du 2 octobre 1850, art. 5. — Décret du 9 novembre 1853, art. 10.)

Art. 39. — Tout employé malade est visité par le médecin de l'administration qui constate l'état du malade et lui donne ses soins s'il les réclame.

(Règlement du 2 octobre 1850, art. 6.)

§ III.

Personnel et travail des bureaux.

Le personnel des bureaux comptait :

En 1824. . . 64 employés et gens de service inscrits au budget.
— 1828. . . 65 —
— 1832. . . 67 —
— 1840. . . 64 — plus 3 auxiliaires.
— 1845. . . 65 —
— 1850. . . 64 — plus 3 employés temporaires.
— 1855. . . 65 —
— 1860. . . 66 — plus 1 employé temporaire.
— 1865. . . 64 —
— 1870. . . 64 — plus 3 auxiliaires.
— 1871. . . 63 —

Le nombre des fonctionnaires de tout grade (non compris les garçons de bureau et gens de service) a été de :

54, plus 3 auxiliaires . . . . en 1840 ;
57 . . . . — 1845 ;
57, plus 3 employés temporaires, — 1850 ;
58 . . . . — 1855 ;
58 . . . . — 1860 ;
Il n'est plus que de 53 . . . . en 1871.

Le nombre des fonctionnaires et le chiffre total du personnel de l'administration sont donc plus faibles aujourd'hui qu'ils ne l'étaient en 1824, 1832, 1840, 1850, 1860 et 1870.

Ce personnel est bien moins nombreux que celui des ministères dont les attributions offrent le plus d'analogie avec le service des cultes. On pourra s'en convaincre en comparant le nombre de personnes employées dans ces administrations avec le chiffre total de leur budget de dépenses.

Au ministère de l'intérieur, 423 personnes sont employées à administrer, ordonnancer, liquider un budget de 180,791,253 francs, (budget normal de 1871), soit une personne pour 42,500 francs.

Dans le service des cultes, 63 personnes suffisent à administrer, ordonnancer, liquider un budget de 55,415,481 francs, soit un employé seulement pour 879,000 francs.

Le nombre des affaires s'accroît dans une proportion que l'augmentation du budget des cultes indique d'une manière frappante. Il est, en effet, reconnu que le travail d'une administration est proportionnel au budget des services dont elle est chargée.

En 1824, l'administration des affaires ecclésiastiques ne comprenait que le culte catholique. On ne comptait alors que 30,918 titulaires ecclésiastiques rétribués sur les fonds de l'État, et les dépenses s'élevaient à. . . . . 23,753,904 fr.
En 1832, à. 33,966,554
En 1840, à. 30,824,658
En 1850, à. 41,466,978

Le dernier budget normal (loi du 27 juillet 1870) a été fixé à la somme de 55,415,481 francs (1), et on compte aujourd'hui 45,754 titres ecclésiastiques.

---

(1) Le budget des cultes est encore loin d'atteindre le chiffre de 88,894,600 livres, jugé nécessaire par les comités de l'Assemblée constituante, plus

En rapprochant ces diverses données, on aura le tableau suivant :

ANNÉES	CHIFFRE du personnel.	TITRES ecclésiastiques.	DÉPENSE TOTALE.
1824.	64	30,918	23,753,904 fr.
1832.	67	34,270	33,866,551
1840.	64	35,785	35,821,853
1850.	64	38,703	41,466,973
1871.	63	45,754	55,415,481

Depuis 1824, le nombre des titres ecclésiastiques s'est accru
d'un tiers, le chiffre du budget *a plus que doublé*, le travail des
bureaux a suivi une progression analogue, et cependant le nombre
des employés a *diminué*.

Il importe de remarquer que les décrets ou lois de décentralisa-
tion de 1852, 1866, 1867 et 1871, qui ont restreint notablement les
attributions de certains ministères, n'ont point amoindri la tâche de
l'administration des cultes. Le contrôle administratif, dont ces lois
ou décrets s'occupent surtout, s'est au contraire notablement accru
avec le nombre des établissements ecclésiastiques et religieux qui
y sont soumis. Pour un seul bureau, le nombre de ces actes de
contrôle, comprenant surtout les autorisations d'acquérir ou d'alié-
ner à titre gratuit ou à titre onéreux, qui ont été portés devant le
conseil d'État, était de 2,116 en 1847, de 2,303 en 1849; de 1852
à 1859, ce nombre a dépassé 3,000 (1). Le chiffre moyen des dépêches qui sortent annuellement des sept bureaux de l'administration s'élève environ à 70,000.

Pour bien apprécier l'importance de ce travail, il convient de

---

45 millions de livres à titre d'indemnité temporaire. (Rapport de Chasset, 9 avril
1790.) Par suite de l'affaiblissement du pouvoir de l'argent, 88 millions de
livres seraient à peine représentés aujourd'hui par 190 millions de francs.

(1) V. le *Compte général des travaux du conseil d'État.*

remarquer que la plupart des affaires dont l'administration des cultes est saisie, soulèvent des questions délicates qui exigent la connaissance pratique du droit civil, du droit administratif, et, dans une certaine mesure, du droit canonique. Les services du contentieux notamment, et du contrôle administratif, présentent sans cesse des difficultés nouvelles et des variétés infinies d'espèces, qui réclament l'examen attentif de volumineux dossiers. Le ton général de la correspondance de l'épiscopat impose en outre des préoccupations de forme que d'autres ministères peuvent négliger. Aussi le travail de rédaction est-il long et difficile, et l'on ne saurait sans injustice l'assimiler à la tâche des administrations publiques ou privées dont les affaires rentrent invariablement dans un certain nombre de formules.

Aussi les règlements d'admission des employés sont-ils plus rigoureux que dans les autres ministères : ils exigent, indépendamment d'un examen, le diplôme de bachelier ès lettres pour les expéditionnaires, et celui de licencié en droit pour les rédacteurs.

Le personnel de cette administration a compté des hommes distingués. Parmi ceux qui ont signalé leur passage dans ce service par des œuvres utiles, ou laissé les meilleurs souvenirs, on citera notamment :

MM. Charles Portalis, Beugnot, baron Jourdan, de Janzé, de la Chapelle, Dessauret, de Contencin, Moulin, V. Hamille, administrateurs généraux, directeurs généraux ou directeurs ;

MM. Jauffret, Giry, Chatillon, Fery, Langlois, Schmit, Sayous, Vuitry, Cuvier, Alfred Blanche, Nicolas, Nigon de Berty, chefs de division, chefs de section ou sous-directeurs ;

MM. Trebuquet, Allouvry, Natalis de Wailly, Vuillefroy, Pron, chefs du cabinet du ministre des cultes ;

Et un assez grand nombre de chefs et sous-chefs de bureau qui ont contribué à maintenir l'organisation et les traditions de l'administration des cultes, parmi lesquels on citera :

MM. Pasqualini, Danquin (Louis-Florentin), Laffon-Ladebat, Legrand de Villers, Nourrisson, Delamarche et Valette.

§ IV.

Dépenses ou traitements du personnel de l'administration des cultes.

Les traitements du personnel de l'administration des cultes ont été fixés aux chiffres suivants par le décret du 10 janvier 1863 :

Chefs de division. . . . . fr. 12,000
Chefs de bureau de 1re classe 9,000
    —   de 2e classe. 8,000
    —   de 3e classe. 7,000
    —   de 4e classe. 6,000
Sous-chefs de bureau de 1re classe. 5,500
    —   —   de 2e classe 5,000
    —   —   de 3e classe 4,500
    —   —   de 4e classe 4,000
Employés (rédacteurs, vérificateurs, commis d'ordre, expéditionnaires), de. . . . . Fr. 1,500 à 3,800

Les traitements du personnel, tels qu'ils sont réglés par le budget primitif de 1871, sont notablement au-dessous de la moyenne des traitements fixés par ce décret.

1° Pour les chefs de bureau, cette moyenne est de. . 7,500 fr. »
La moyenne du budget de 1871 est de. . . . . . 5,875 »

Différence en moins. . . . . 1,625 »

2° Pour les sous-chefs, la moyenne du décret de 1863 est de . . . . 4,750 »
La moyenne du budget est de. 3,657 14

Différence en moins 1,092 86

3° Pour les employés, la moyenne est de . . . . . 2,650 »
La moyenne du budget est de 2,586 66

Différence en moins 63 34

Si l'on compare la moyenne des traitements de l'administration des cultes avec la moyenne des traitements des autres ministères, dans le même budget de 1871, on arrive aux résultats suivants :

1° Les *chefs de division* ou de service de l'administration dés cultes reçoivent un traitement moyen bien plus faible que celui de leurs collègues des sept ministères suivants: Intérieur, Finances, Instruction publique, Travaux publics, Agriculture et Commerce, Affaires étrangères, Justice.

2° Le traitement moyen des *chefs de bureau* est notablement au-dessous du traitement alloué pour ce grade dans tous les autres ministères, sans exception.

3° Il en est de même pour le traitement des *sous-chefs*.

4° Le traitement moyen des autres employés est inférieur à celui de leurs collègues des sept ministères suivants : Justice, Affaires étrangères, Intérieur, Finances, Guerre, Marine, Agriculture et Commerce. (*Voir le Tableau suivant.*)

Moyenne des traitements des Ministères
D'APRÈS LE BUDGET PRIMITIF DE 1871.

	CHEFS de service. Directeurs. Chefs de Division, Administrateurs	CHEFS de Bureau.	SOUS-CHEFS de Bureau.	EMPLOYÉS de tous grades.
	fr. c.	fr. c.	fr. c.	fr. c.
Justice	10,500 »	6,207 »	4,835 »	2,612 »
Affaires étrangères. . .	10,666 »	7,883 »	5,333 »	3,051 »
Intérieur.	14,250 »	7,857 »	4,936 »	2,801 »
Finances.	13,788 »	7,583 »	5,000 »	2,600 »
Guerre.	10,285 »	8,513 »	4,870 »	2,814 »
Marine.	10,333 »	7,619 »	5,517 »	2,806 »
Instruction publique. .	12,810 »	6,357 »	4,388 »	2,435 »
Agriculture et Commerce	11,250 »	6,642 »	4,341 »	2,790 »
Travaux publics. . . .	12,711 »	6,909 »	4,722 »	2,485 »
Cultes (1)	10,375 »	5,875 »	3,657 »	2,586 »

(1) Une meilleure répartition du crédit du personnel des cultes, a relevé, tout récemment, dans une certaine mesure, la moyenne des traitements de cette administration.

Une bonne organisation administrative exigerait cependant que tous les services de même nature fussent également rémunérés. C'est la règle générale pour tous les services publics : les administrations centrales restent seules en dehors de ce principe, et sont soumises à une réglementation arbitraire.

§ V.

Dépenses du matériel des bureaux.

Le chiffre des dépenses du matériel des bureaux doit toujours être proportionnel au nombre des fonctionnaires et gens de service de l'administration.

L'examen du [tableau suivant dressé d'après le budget primitif de 1871, démontrera que le matériel des bureaux de l'administration des cultes n'est pas mieux doté que le personnel.

MINISTÈRES. (ADMINISTRATIONS CENTRALES.)	CRÉDIT alloué pour le matériel. (Budget primitif de 1871.)	EMPLOYÉS de tous grades.	DÉPENSE du matériel par individu.
	fr. c.		fr. c.
Intérieur.	365,700 »	358	1,021 »
Agriculture et Commerce.	148,500 »	128	1,045 »
Guerre.	521,000 »	452	1,152 »
Justice.	142,000 »	111	1,279 »
Instruction publique . .	140,000 »	109	1,288 »
Travaux publics	155,000 »	119	1,302 »
Finances.	2,000,000 »	1,237	1,616 »
Marine.	397,450 »	240	1,656 »
Affaires étrangères. . .	250,000 »	116	2,155 »
Cultes.	42,000 »	52	807 »

On alloue donc à l'administration des cultes 807 francs par an pour *chaque employé*, tandis que cette dépense s'élève dans *tous* les autres ministères à une somme beaucoup plus forte, qui dépasse même le double dans les ministères des finances, de la marine et des affaires étrangères.

§ VII.

Dépenses générales, ou budget du service des cultes.

Le budget du culte catholique avait été évalué par les comités de l'Assemblée constituante à 65,400,000 livres en 1789, et à 88,884,800 livres en 1790, non compris 45 millions d'indemnités temporaires.

Les dépenses totales des cultes, constatées dans les comptes officiels, ont été arrêtées :

En 1803 à.	4,081,369 fr.
— 1813.	17,332,868
— 1820.	24,711,777
— 1830.	38,447,251
— 1840 (le culte israélite compris)	35,824,653
— 1850. . . . . '	41,466,978
— 1860.	50,188,711
— 1870 (Budget)	54,714,581

Le service des cultes a toujours eu son budget distinct et sa comptabilité propre. On a voulu cependant, à diverses reprises, le confondre avec d'autres services, en 1815, en 1831, en 1863 ; mais ces essais de fusion n'ont jamais duré plus d'une année, et le dernier n'a même eu que quelques mois d'existence.

La première tentative d'absorption du budget des cultes est de 1815. Mais, l'année suivante, l'ordonnance du 13 avril 1816 décida (art. 9) « que les dépenses relatives à l'administration des affaires « générales ecclésiastiques formeraient à l'avenir, et à compter de « 1816, un chapitre séparé, qui serait rédigé et présenté *uniquement* « par l'administration des cultes. »

Dans la préparation du budget de 1832, on voulut encore confondre les différents chapitres du budget des cultes avec les chapitres de l'instruction publique ; mais l'ordonnance du 27 octobre, article 3, consacra de nouveau le principe posé par l'ordonnance du 13 avril 1816, et déclara itérativement que « les dépenses « et comptabilités des services de la justice et des cultes *conti-* « *nueraient* de demeurer *distinctes* et *séparées*. »

Pour remédier autant que possible aux inconvénients de la confusion de deux services aussi distincts, pendant une partie de l'année 1832, et bien établir leur situation respective, l'ordonnance du 9 janvier 1833 prescrivit que « le compte des services des cul- « tes et de l'instruction publique pour l'année 1832 devait conte- « nir la distinction des deux services. »

L'administration de l'instruction publique a tenté cependant, en 1863, d'absorber de nouveau une administration qui est de trente ans son aînée et dont le budget est deux fois plus considérable que le sien propre. Mais quelques mois après (23 juin 1863), le service des cultes était rattaché au ministère de la justice, et plus tard cette tentative était vivement critiquée par la Cour des comptes.

Des considérations diverses se sont opposées à la confusion de budgets d'une nature si différente :

« Depuis un demi-siècle, l'important service de l'administration « des cultes a la singulière destinée de changer perpétuellement « d'organisation. Il n'y a pas au monde d'intérêts plus permanents « que ceux qu'il a pour mission de protéger, puisque ces intérêts « ont Dieu pour terme ; et cependant, par un étrange contraste, « effet des passions et de la faiblesse humaines, il a si souvent « varié que l'historien peut à peine suivre ces vicissitudes (1). »

Ces changements que la politique a trop souvent exigés n'offriront pas en réalité de graves inconvénients tant que l'administra-

---

(1) *Le Budget des cultes en France*, par Ch. Jourdain, chef de division au ministère de l'instruction publique et des cultes, page 30.

tion des cultes restera assez fortement organisée pour maintenir sa jurisprudence et ses traditions ; tant qu'elle conservera, sous les ordres immédiats du ministre des cultes, son autonomie et son budget bien distinct des services auxquels les événements, ou les considérations de personnes, peuvent successivement la faire rattacher.

La confusion de ces budgets pouvait d'ailleurs avoir pour but de rendre certaines dépenses moins apparentes et de compenser les augmentations qu'on demandait d'un côté avec les diminutions qu'on proposait de l'autre. Ces procédés sont contraires à une bonne organisation de nos finances et aux intentions des assemblées législatives qui, sous tous les régimes, ont réclamé, d'une manière plus ou moins pressante, la spécialité des crédits dans un même service, et qui l'exigeraient à bien plus forte raison dans un ministère où coexistent des services absolument distincts.

Cette réunion des budgets des cultes et de l'instruction publique avait encore l'inconvénient d'exciter des soupçons regrettables : on a voulu croire qu'elle avait surtout pour motif le secret désir de fondre dans un même chapitre les dépenses du *personnel* et du *matériel* des bureaux des deux services. Les employés admettent difficilement que des crédits primitivement votés pour eux puissent profiter à des personnes étrangères à leur administration, et ils ont toujours protesté contre ces tentatives d'unification.

Une autre difficulté moins grave, il est vrai, s'est encore présentée dans la rédaction du budget des cultes, lorsque cette administration a été rattachée aux ministères de l'intérieur ou de l'instruction publique. Pendant la durée de cette réunion, les chapitres des budgets des dépenses des différents services ont quelquefois formé une seule série de numéros. Le budget des cultes a conservé au contraire son numérotage distinct, tant que cette administration a été réunie au ministère de la justice.

Des raisons de haute convenance et de bonne comptabilité militent en faveur de ce dernier système.

Si l'on prend le budget rectifié de 1871, où l'on a donné une seule série de numéros aux trois services de l'instruction publique, des beaux-arts et des cultes, on est quelque peu surpris de trouver à la file, dans le budget ordinaire :

Chapitre 41, Théâtres ;
   —   47 bis, Manufactures nationales ;
   —   52, Cardinaux, archevêques et évêques ;

Dans le budget extraordinaire :

Chapitre 5, Préparation de la carte des Gaules ;
   —   8 bis, Construction d'aérostats ;
   —   12, Construction de la cathédrale de Gap.

Les comptables de profession s'étonnent aussi de rencontrer, dans un même budget, *trois* chapitres d'exercices clos, *trois* chapitres d'exercice périmés :

Chapitre 32, Exercices clos ;
   —   33, Exercices périmés :
   —   48, Exercices clos ;
   —   49, Exercices périmés ;
   —   66, Exercices clos ;
   —   67, Exercices périmés.

Ils craignent que cette innovation budgétaire n'amène ultérieurement de fréquentes inexactitudes, et par suite des difficultés, dans la liquidation des dépenses de cet exercice 1871.

Si l'on en croit encore les praticiens, dont les avis ont, du reste, peu d'autorité dans les époques de réorganisation théorique, il y a un grand avantage, pour les commissions du budget et les opérations des bureaux, à conserver, chaque année, les mêmes numéros aux mêmes chapitres. On prévient ainsi les erreurs inévitables dans l'autre système et on simplifie notablement le travail, surtout dans la liquidation des dépenses qui portent sur plusieurs exercices, ou dans le règlement des dépenses des exercices clos. On n'obtiendrait jamais ce résultat désirable si les chapitres du budget des cultes devaient prendre la suite des numéros du budget, sans cesse remanié, de l'instruction publique.

CONCLUSION.

L'Administration des cultes qui, de 1802 à 1870, a changé quinze fois de régime, a toujours conservé son existence propre, son budget distinct, sa comptabilité particulière. Les essais de fusion avec le budget d'un autre ministère, qui se sont produits en 1815, 1832 et 1869, n'ont duré que quelques mois ; des considérations d'ordre politique, administratif et financier paraissent exiger que ces tentatives ne se renouvellent pas.

Le personnel des bureaux de l'administration des cultes est moins considérable aujourd'hui qu'il ne l'était en 1824, bien que le chiffre des affaires ait doublé depuis cette époque et qu'elles présentent de plus graves difficultés.

Il résulte de la comparaison des budgets et comptes des administrations centrales que ce personnel est proportionnellement le *moins nombreux*, qu'il est le *moins rétribué* de toutes les administrations centrales, bien que les conditions d'admission dans ces bureaux soient plus rigoureuses que partout ailleurs, et que les questions traitées par cette administration exigent le plus souvent la connaissance approfondie des législations ecclésiastique, civile, administrative et financière.

Le service des cultes est encore de tous les services publics celui dont les dépenses, dites du *matériel* de bureaux, sont proportionnellement les moins élevées.

Ad. T., Dr en droit.

TABLE

Paris. — Imp Paul Dupont, 41, rue Jean-Jacques-Rousseau. 3882-11-1

PARIS. — IMPRIMERIE ADMINISTRATIVE DE PAUL DUPONT

41, rue J.-J.-Rousseau (Hôtel des Fermes), 41

www.ingramcontent.com/pod-product-compliance
Lightning Source LLC
LaVergne TN
LVHW050319030726
842520LV00005B/1676